AHMED HULÛSİ

YAŞAMIN GERÇEĞİ

KAPAK HAKKINDA

Ön kapak zeminindeki siyah renk karanlığı ve bilgisizliği, üzerindeki harflerin beyaz rengi ise aydınlığı ve bilgiyi temsil eder.

Kapakta yer alan amblem, Kûfi hat sanatı ile yazılmış olan "Lâ ilâhe illâ Allâh; Muhammed Rasûlullâh" cümlesidir ve bu "tanrılık kavramı yoktur, yalnızca Allâh adıyla işaret edilen vardır; Muhammed (aleyhisSelâm) bu anlayışın Rasûlü'dür" anlamını taşır.

Amblemin ön kapakta ve her şeyin üzerinde yer alması, Ahmed Hulûsi'nin bu anlayışı tüm eserlerinde ve hayatı boyunca her anlamda baş tacı yapmış olmasının sembolik ifadesidir.

Karanlıktan aydınlığa açılan Kelime-i Tevhid penceresinden Allâh Rasûlü'nün nûrunu temsil eden yeşil renkte yansıyan ışık, Ahmed Hu'ûsi'nin kaleminden, işaret ettiği konuda aydınlanmayı amaçlayan "kitap isminde" beyaz renkte somutlaşmıştır

Allâh Rasûlü'nün nûruyla yayılan bilginin, onu değerlendirebilenlere sağladığı aydınlanma da kitap içeriğinin özetlendiği arka kapak zeminindeki beyaz renk ile ifade edilmiştir.

Tüm eserlerimiz gibi, bu kitabın da telif hakkı yoktur.

Ayrıca bu kitap ASLA PARAYLA SATILMAZ.
Ancak bastıranın hediyesi olarak dağıtılabilir. Allâh, bu kitabı bastırıp dağıtanların ve basımda karşılıksız emeği geçenlerin âhirete geçmişlerine ve yaşayanlarına rahmet eylesin.

Bu kitap orijinaline sadık kalmak kaydıyla herkes tarafından basılabilir, çoğaltılabilir, yayımlanabilir ve tercüme edilebilir.

ALLÂH ilminin karşılığı alınmaz.

AHMED HULÛSİ

YAŞAMIN GERÇEĞİ

AHMED HULÛSİ

KİTSAN

Yayın ve Dağıtım: KİTSAN

ISBN: 978-975-7557-94-4

1. Baskı: Ekim 2000
9. Baskı: Şubat 2011

Yayın Yönetmeni: Cenân A. Özderici
Kapak Tasarımı: Serdar Okan
Grafik Tasarım: Öznur Erman

Film, Baskı ve Cilt: Bilnet Matbaacılık
Biltur Basım Yayın ve Hizmet A.Ş.
Dudullu Organize Sanayi Bölgesi 1.Cad.
No:16 Ümraniye / İSTANBUL
Tel: +90 216 444 44 03
info@bilnet.net.tr

KİTSAN KİTAP BASIM YAYIN DAĞITIM LTD. ŞTİ.
Divanyolu Cad. Ticarethane Sok. Tevfikkuşoğlu İşhanı
No:41/3, 34400 Cağaloğlu - İstanbul
Tel: 0212 513 67 69, Faks: 0212 511 51 44
www.kitsan.com

AHMED HULÛSİ

YAŞAMIN GERÇEĞİ

www.ahmedhulusi.org

*Bu kitabımı, "Niçin İslâm?" sorusuna
çok yönlü bir cevap arayanlara ithaf ediyorum.*

İÇİNDEKİLER

1. İnsan, Dünya, Evren, İslâm 9
2. Nefsini Bilen Rabbini Bilir! 33

1

♦

İNSAN, DÜNYA, EVREN, İSLÂM

Gerçek dünyamız, "KOZA"mız! Oysa, "KOZA"mızı gerçek Dünya sanıyoruz! "Kozamız"ın dışındaki gerçek Dünya'dan acaba haberimiz var mı? "Nerede yaşıyorsunuz şu anda?" bu soruyu kime sorarsak soralım, herkes, doğal olarak şu cevabı verecektir: "Elbette Dünya'da yaşıyorum!"
Tabii bu, "Nerede yaşıyorsun?" sorusunun cevabı... "Elbette Dünya'da yaşıyorum!" Birisine deseniz ki; **"Sen uzaylısın!"**
"Hayır... Olur mu öyle şey?" der... Veya "Ben Dünyalıyım" der. Peki ama o **Dünya, uzayda** değil mi? Uzayın içinde gezmekte olan bir dünya üzerinde değil miyiz? Eğer gerçekçi bir biçimde bakarsak; uzayın içinde bir zerreyiz, uzaydan bir parçayız. Ama biz, kökleri asırlar

◆ YAŞAMIN GERÇEĞİ

öncesine uzanan bir şartlanmamız sonucu; **"Biz sâbit bir Dünya'da yaşıyoruz; Güneş ve hatta bütün Kâinat bizim sâbit Dünya'mızın çevresinde dönüyor!"** düşüncesine, fikriyatına dayalı olarak, kendimizi Dünyalı kabul ederiz de uzaylı olma fikrini reddederiz; Dünya'yı da Kâinat'ın merkezi sanarak!!! Son asrın, son yılların getirdiği bilgiler, bilim, hâlâ pek çoğumuza bazı gerçekleri fark ettirmemiş!

Diyoruz ki: **"Biz Dünyalıyız!"**

Evet... Her ne kadar Dünyalı isek, Dünya üzerinde var olmuşsak da, acaba bu Dünya, neye göre Dünya?.. Nasıl ve nerede bir Dünya?..

Gene sorsam size ki **"Kaç yaşındasınız?"**; kiminiz "30", kiminiz "50 yaşındayım" diyeceksiniz...

Acaba gerçekten 30 ya da gerçekten 50 yaşında mısınız?..

Yani, **neye göre** 30 veya 50 yaşındasınız?

Biliyoruz ki; üzerinde yaşadığımız Dünya, Güneş'in çevresinde dönen uydulardan bir tanesi. Güneş'ten yaklaşık yüz elli milyon km ötede, Güneş'in çevresinde dönüp duruyoruz.

Âdeta bir bakır tepsi, bir bakır tas, bakır sahan gibi gördüğümüz Güneş, gerçekte ise, bizim üzerinde yaşadığımız Dünya'dan 1.333.000 defa daha büyük bir hacme sahip.

Biz, "Dünya üzerinde yaşadık, yaşıyoruz" diyoruz ve Dünya'nın Güneş çevresindeki bir turunu tamamladığı sürece de **"Güneş yılı"** diyoruz. Bir de **"Ay yılı"** var, daha kısa...

Dünya'nın Güneş çevresinde 30 defa tur atması anlamında da "30 yaşındayım" diyoruz. Yani "Ben Dünya'ya geldiğimden beri Dünya Güneş'in çevresinde tam 30 tur attı" demek istiyoruz. Ve buna göre zaman biçiyoruz kendimize.

Yalnız bu arada çok önemli bir gerçeği görmezlikten veya bilmezlikten geliyoruz; veya gerçekten bilmiyoruz, farkında değiliz bu gerçeğin...

Zira belki de **"kozamız"**ın içinde böyle bir değer, böyle bir bakış açısı yok!

Evet... Gerçekten biz, her birimiz, kim olursak olalım kendi **"kozamız"**da yaşıyoruz ve **"kozalar arası"** iletişimde bulunuyoruz; ama her birimiz bir diğerimizle ya kendi kozamızdan ya da onun kozasının içindeki değerlerden söz ederek iletişim, dolayısıyla da ilişki kuruyoruz. <u>Kozanın dışındaki, benim veya senin kozanın dışındaki gerçek yaşam boyutlarından, değerlerinden hiç haberdar değiliz!</u>

Haberdar olmak da istemiyoruz esasında!

Belki de korkuyoruz... Düşünmekten korkuyoruz!.. Kafamızın karışmasından korkuyoruz!

Bilinmezden korkuyoruz veya altından kalkamayacağımız, üstesinden gelemeyeceğimiz şeylerden korkuyoruz!

<u>Kozamızın dışındaki gerçekler ne?</u>

Hiç kimsenin itiraz edemeyeceği bir kesin gerçek içindeyiz şu anda;

"Dünya'da varız ve belli bir süre sonra Dünya'da yok olacağız!.. Dünya'da ortalıkta görünmeyeceğiz!"

◆ YAŞAMIN GERÇEĞİ

Yani, **"ÖLÜM"** dediğimiz bir olay yaşayacağız!

Şu anda yaşadığımız Dünya'da fark etmemiz gereken bir şey var, o da şu:

Dünya nasıl Güneş'in çevresinde bir turunu tamamladığı zaman "1 yıl geçti" deniyorsa, aynı şekilde Güneş dediğimiz yıldız da içinde bulunduğumuz ve **"Samanyolu"** adını verdiğimiz Galaksi'nin merkezi etrafında tur atıyor.

Bizim Dünya'mız ve biz, Dünya ile birlikte Güneş'e tâbi bir biçimde, Güneş'le beraber Galaksi'nin merkezi etrafında tur atmaktayız.

Güneş, **"Samanyolu"** adını verdiğimiz bu Galaksi'nin merkezinden yaklaşık 32 bin ışık yılı mesafeden, Galaksi'nin merkezi çevresinde tur atıyor ve bir turunu tam 255 milyon yılda tamamlıyor.

Yani **Güneş'in 1 yılı, tam 255 milyon yıl** sürüyor!

Biz Dünya'ya nispetle, "1 yıl" dediğimiz zaman 365 günlük süreci anlatmaya çalışıyoruz; ama Güneş'in Galaksi'nin merkezi etrafında atmış olduğu bir tur, yani bizim Dünya'mızın Güneş'e tâbi olarak, Güneş'le beraber Galaksi'nin merkezi etrafında attığı bir tur, 255 milyon yıl sürüyor!!! Gerçek Güneş yılı 255 milyon yıl!

Güneş etrafındaki Dünya turuna nispetle değil de, **Galaksi merkezi çevresindeki dönüşümüze nispetle** **"YIL"**dan söz edersek, 255 milyon yılda **"bir yaş"** yaşamış oluyoruz!!!

Anlatabiliyor muyum?..

Şimdi iyi düşünmeye başlayalım bu rakamlar üzerinde...

Şu anda Dünya üzerinde varız, fakat bir süre sonra

"**ölüm**" dediğimiz olayla birlikte Dünya bizim gözümüzün önünden kaybolacak! Çünkü, biz Dünya'yı 5 duyuyla algılıyoruz.

Gözbebeğinin görme sınırlarına göre ve KADARIYLA gördüğümüz bir Dünya'da, dünyamızda yaşıyoruz!!! 4.000-7.000 angström arasındaki dalga boylarını göz bebeğimizin beynimize yollaması; beynimizin bu 4.000-7.000 arasındaki dalga boylarını değerlendirmesiyle, "görüyorum" dediğimiz her şeyi algılıyor ve onları **"var kabul ediyoruz!"**

Gene kulağımızın 16-16.000 hertz arasındaki dalgaları beynimize iletmesiyle birlikte "duyuyoruz" dediğimiz şeyleri algılıyoruz ve Dünya'nın varlığına da bu beş duyuyla kanaat getiriyoruz ve "Dünya işte var!" diyoruz veya **"yok" dediğimiz şeyler için de bu beş duyuya bağlı olarak algılayamadığımız için "yok" diyoruz!**

Oysa bu duyu sınırlamasına dayalı olarak "YOK" dediğimiz gerçekte "var" olan şeylerin ne haddi var ne de hesabı!!! Cahillikten dolayı "YOK" sandıklarımızın, gerçekte "VAR" olanların hesabını kimse bilemez!

Şu anda var saydığımız, var kabul ettiğimiz, üzerinde yaşamakta olduğumuz Dünya, "ÖLÜM" dediğimiz olayla birlikte beş duyu (kesitsel algılama) alanımızdan dışarı çıkacak, kaybolacak! Ancak, biz, gene **Dünya'nın manyetik çekim alanı içinde**, beyin ürettiği için, **RUH** denilen veya "**astral beden**" denilen veya "**ışınsal beden**" denilen bir yapıyla **yaşamımıza devam edeceğiz; yine Güneş'e tâbi bu manyetik alan içinde!**.. (Ruhun beyin tarafından üretilmesi konusunun detaylı açıklamasını, "İNSAN ve

♦ YAŞAMIN GERÇEĞİ

SIRLARI", "RUH İNSAN CİN", "DİN'İN TEMEL GERÇEKLERİ" kitaplarımızdan okuyabilirsiniz.)

Şu anda nasıl ki Dünya üzerinde yaşarken, Güneş'in çekim alanına tâbi olarak Güneş'in çevresinde yaşamımıza devam ediyorsak; Güneş'in ışınsal platformu üzerinde bu yaşamımız devam ediyorsa; "ÖLÜM" dediğimiz olayla birlikte madde bedenden kopmamıza, madde Dünya artık bizim için "Yok" hükmüne girmesine rağmen, aynı şekilde RUH boyutunda RUH bedenle, Dünya'nın manyetik çekim alanına tâbi olarak, Von Allen kuşağı içinde kalan manyetik çekim alanında ve Güneş'in ışınsal platformu üzerinde, yani şu an mevcut olduğumuz alanda yaşamımıza yine devam edeceğiz.

Ancak bu yeni geçtiğimiz RUH boyutunda ruh bedenin algılama özelliği dolayısıyla Dünya'nın nazarımızdan kaybolmasıyla birlikte, Güneş'in ışınsal platformu üzerinde gene yaşamımıza devam edeceğiz.

Peki... **Bu aşamada, hangi yaşam boyutuna tâbiyiz; dünya gözümüzden kaybolduğuna göre?..**

Dünya'nın, gündüz ve gece ve de zaman ölçüleri ortadan kaybolduğuna göre; Güneş'in çevresinde biz turumuzu atmaya devam ettiğimize göre; "Güneş'in zaman boyutu"**na tâbi olacağız! Yani Güneş'in 1 yılı olan 255 milyon yıllık süreç, 1 yıl hükmüne gelecek bizim için!**

255 milyon yıllık süreç yeni "1 yıl"ımız olacak bizim, bu yeni yaşantı boyutumuzda, Güneş yılı itibarıyla!

Biz, Dünya'da 70 yıllık bir ömür sürsek, 70 yıl yaşadığımızı kabul etsek; 70 yıl sonra Dünya'dan ayrıldığımız zaman, 255 milyon yıllık sürece göre, bir Dünya ömrü nedir?

Güneş'in, bizim şu anki algılamamıza göre 255 milyon yıl süren, 1 yıllık zaman ölçüsü içinde, bizim 70 yıllık hayatımızın değeri nedir?

255 milyon yılda, 70 yılın ne olduğunu anlamak için bir hesap yaparsak, görürüz ki 70 yıl dediğimiz süreç, Güneş'in kendi yılı içinde, sadece 8,6 saniyedir.

Yani, 70 yıl yaşadıktan sonra bu Dünya'dan ayrılmış kişi, bu Dünya'dan ayrıldıktan sonra, Dünya onun gözünün önünden kalktıktan sonra, Güneş zaman boyutunu algılamaya başladığı zaman, diyecektir ki:

"**Ben Dünya'da ne kadar kaldım acaba?.. Bir rüya süresi mi?**"

Kurân'da, Nâzi'at Sûresi'nin son âyetinde; "O'nu gördükleri süreçte, sanki onlar (dünyada) hiç kalmamışlardır! Ancak bir Aşiyye (Güneş'in ufukta batma süresi) yahut onun battıktan sonraki kalan aydınlık süresi kadar dünyada yaşamış olduklarını sanırlar." (79.Nâzi'at: 46); bu ölüm ötesi yaşam boyutunun değerlerini fark eden insanın kullanacağı kelime olarak, **"AŞİYYE"** kelimesi geçiyor: **AKŞAM NAMAZI VAKTİ** süreci!

"**Akşam namazı vakti**", bilindiği gibi, Güneş'in kızıllığının ufukta kaybolup, ancak, ortadaki alaca bir karanlığın, mutlak karanlığa dönüşmesi sürecidir.

Güneş'in görünmez olup, aydınlığının var olduğu, henüz ortaya karanlığın çökmediği bir süreç!

Çok az **dakikalarla ölçülen bir süreç!**

Ufukta bakarsınız Güneş görünmez oldu; kızıllığı kay-

♦ YAŞAMIN GERÇEĞİ

boldu; derken, bir alacakaranlık... Sağı solu görürsünüz ama, bir bakarsınız, kapkaranlık oluverir ortalık aniden.
İşte **Nâzi'at Sûresi**'nin son âyetinde, o zaman boyutuna, yani ölümle birlikte Dünya zaman boyutundan çıkıp; **Âhiret, KABİR ÂLEMİ**, "Berzah Âlemi" denen zaman **boyutu**na geçen; gerçek anlamıyla, **Güneş zaman boyutu**nu algılayan kişinin fark edeceği olay budur!
Şu anda Dünya yüzeyinde yaşıyorsunuz... Madde hissinden, maddeyi algılayan kesitsel algılama araçlarının getirdiği zaman duygusundan yola çıkarsak, gördüğünüz bir rüya, ortalama 45-50 saniye sürüyor.
O 45-50 saniyelik rüyayı görürken, içinde yaşadığınız zaman size ne kadar uzun geliyor... Fakat uyanıp, ertesi gün o rüyayı düşündüğünüz zaman; "bir rüya..." diyorsunuz. Çok kısa bir an gibi geliyor. O çok kısa, bir an gibi gelen gördüğünüz rüya, ortalama 45-50 saniye sürüyor.
45-50 saniyelik rüya, uyandığınız zaman, belli bir süre geçtikten sonra, bakıyorsunuz ki BİR AN!
Öte yandan bildiriliyor ki, **"ÖLÜM"** denen olayla birlikte **"BERZAH boyutu"**na yani **"geçiş âlemi boyutu"**na, Kabir âlemine, yani **"Güneş platformu boyutu"**na geçtiğiniz anda diyeceksiniz ki:
"Acaba Dünya'da bir akşam alacakaranlığı kadar mı kaldık?"
Kurân'daki Nâzi'at Sûresi'nin son âyetindeki hüküm bu!
Yine aynı konuya **Mu'minûn Sûresi'nin 113-114. âyetlerinde** de değiniliyor:

"Dediler ki: 'Bir gün ya da günün birazı kaldık... Sayanlara sor!' Dedi ki:'Ancak az (bir süre) kaldınız, eğer gerçekten bilseydiniz!'" (23.Mu'minûn:113-114)

Şimdi...

Burada önemli olan nokta şu:

45-50 saniyelik bir rüya süresi ve o rüya, o günün akşamüstü veya ertesi gün sizin için ne ifade ediyor?..

"Ölüm" denen olayla birlikte, algılamaya başlayacağınız zaman boyutuna göre, Dünya'da 70 yıl yaşamışsanız, sadece **8,6 saniye yaşamış** olduğunuzu **FARK EDECEKSİNİZ!**

Dünya'daki tüm savaşımınız, üzme ve üzülmeniz hep bu süreç içinde!!!

Dünya'da toplam geçirmiş olduğunuz süreçse, yalnızca, 8 saniye küsur!..

70 yıllık ömür itibarıyla!..

Ve bu **70 yıllık ömür**, dikkat edin, sizin için **BRÜT** bir süre!

Yani, buna çocukluk devresi, gençlik devresi, yaşlılık, hastalık veya bunama devresi dahil!

Bu brüt süreçteki, net **düşünebildiğiniz, yaşamı değerlendirebildiğiniz** süreye inerseniz, geride ne kadar saniye kalacak!

İSLÂM GERÇEĞİNE göre, **Dünya üzerinde yaşamakta olduğunuz süre, ölüm ötesi yaşamı kazanma, ölüm ötesi yaşam bedeninizi inşa etme, ölüm ötesi yaşam sermayenizi elde etme süreci!**

"Ölüm" denen olayla birlikte BOYUT DEĞİŞTİRİYORSUNUZ!

♦ YAŞAMIN GERÇEĞİ

Değiştirdiğiniz boyuttaki süreç Kıyamet'e kadar sürecek, milyonlarca, milyarlarca yıl! Dünya'da geçirdiğiniz süreç ise, SANİYELERLE ÖLÇÜLEBİLEN BİR SÜREÇ, Güneş zaman boyutuna göre!

Aslında şu anda da biz, Güneş'in ışınsal platformu üzerinde yaşıyoruz; Dünya üzerinde hayat bulmuş her canlının hayat kaynağı, Güneş'ten gelen ışınlar!

Yani ALLÂH'IN HAYAT SIFATI, Güneş üzerinden Dünya'ya ulaşan ışınlarla bize hayat ve canlılığı ulaştırıyor.

Yani,

Gözümüzü açıyoruz, Güneş platformunda...

Yaşıyoruz, Güneş platformunda...

Ölümle birlikte boyut değiştiriyoruz, yine Güneş platformunda!

"Kıyamet" kelimesinin işaret ettiği değişik boyut ve dönüşümler söz konusu... Ancak...

MUTLAK Kıyamet anına, Kıyamet sürecine, kadar da bu böyle devam ediyor, ama biz bunun farkında değiliz.

Çünkü yaşamı beş duyu değerleriyle, beş duyu verileriyle bloke olmuş bir vaziyette, değerlendiriyoruz.

Şimdi, 70 yıl yaşayan biri, bu **8 saniyelik süreçte, neler yapmalı ve niye?**

Eğer basîretli ve ilim sahibi bir insansak, idrak etmek durumundayız ki, **"Kâinat"** denen, **"Evren"** denen bu yapıda, bizim içinde yaşadığımız **"Samanyolu"** gibi milyarlarca Galaksi var!

Ve bu galaksilerin aralarındaki mesafeler, bizim hesaplarımıza göre algılanamaz, hissedilemez ölçüler!..

Sadece matematiksel rakamlarla aradaki ölçüleri ifade ediyoruz; ama bu mesafenin nasıl bir şey olduğunu hiçbir insanın havsalasının alması mümkün değil.

Bırakın galaksiler arasındaki mesafeleri veya milyarlarca galaksiyi; bizim Galaksi'miz içinde mevcut olan yaklaşık 400 milyar yıldızın büyüklüğünü de insan havsalasının alması mümkün değil!

Şu anda Dünya üzerinde 5 milyar, 6 milyara yakın insan var. Gelmiş geçmiş insan sayısına bunun 10 mislini katsak, 50 milyar insan olur! Oysa sadece Samanyolu Galaksisi'nin içindeki yaklaşık 400 milyar yıldızın varlığı, bugün bilimsel olarak tespit edilmiş durumda.

Yani her bir insanı Galaksi içindeki bir yıldıza yollasak, 50 milyar eder!

Oysa 400 milyar yıldız var Galaksi'de!

Nasıl bir Galaksi ve nasıl bir büyüklük içinde yaşadığımızı ifade edebilmek amacıyla bunları anlatmaya çalışıyorum.

Şimdi...

Galaksi'yi yöneten, "Galaksi dışında bir tanrı" düşüncesi ne kadar ilkel bir düşünce, artık bunu siz düşünün!..

Hele hele, Galaksi içindeki bir yıldızda, mesela Orion veya Beta Nova'da yaşayan bir TANRI düşüncesi!!!

İşte bu ilkel düşünceyi, Hz. Muhammed (aleyhisSelâm), 1.400 yıl önce ortadan kaldırmaya çalışıyor... Kurân'la bir gerçeği vurgulamaya çalışıyor, diyor ki;

"LÂ İLÂHE İLLALLÂH!"

"Tanrı ve tanrılık kavramı yoktur. Sadece Allâh vardır!"

◆ YAŞAMIN GERÇEĞİ

("HAZRETİ MUHAMMED'İN AÇIKLADIĞI ALLÂH" isimli kitapta bu konunun detaylarını bulabilirsiniz. Ayrıca, "HAZRETİ MUHAMMED NEYİ OKUDU?" isimli kitapta da bu konunun ayrıntıları mevcuttur.) Yani, **yukarıda, ötede bir yerde bir tanrı ve ona yönelik olarak onun gönlünü hoş etmek için yapılacak birtakım şeyler söz konusu değildir!**
Böyle bir Tanrı ve Tanrılık kavramı yoktur!
Sadece Allâh vardır!
Yani, bütün Kâinat'ı ve belki de bu Kâinat gibi bilemediğimiz sayısız Kâinat'ı, tüm Evren'i var etmiş olan TEK BİR VARLIK, şuur vardır!
O varlığın varlığıyla, ilminden ilminde meydana gelmiş sayısız sonsuz evrenler, evren içre galaksiler ve varlıklar söz konusudur; algılanabilmektedir.
Ancak bunun ötesinde, **her bir birim, o varlığın orijininden–aslından–hakikatinden, ilmiyle ilminden meydana gelmiş olduğu için, Allâh'ı kendi varlığında ve özünde bulabilme şansına sahiptir!**
Yani, öteNde seni yöneten, senin dışında bir Tanrı değil; **tüm Kâinat'ı ve var olan her şeyi kendi varlığından var etmiş olan ve birimin kendi özünde bulup hissedebileceği bir "ALLÂH" kavramı!**
Bu **"ALLÂH"** kavramı, İslâm'ın ana temel nirengi noktasıdır!
Gelmiş geçmiş bütün Nebi ve Rasûllerdeki ortak payda, **"Lâ ilâhe illAllâh"** kavramıdır. hatta, "cennetin kapısının üstünde **"'Lâ ilâhe illAllâh' yazar"** uyarısı da bunu anlatmaktadır.

Bütün Nebi ve Rasûller, insanlara **"Tanrı ve Tanrılık kavramı yoktur; bu kavrama dayalı davranışlarla ömrünüzü boşa harcamayın! Sadece Allâh vardır."** gerçeğini anlatmak için görevlendirilmişlerdir! Her biri kendi yaşadığı toplumun şartlarına göre, tekâmül derecesine göre, onlara yararlar sağlayacak değişik öneriler, teklifler getirmişlerdir.

Şimdi, <u>yaşamın gerçeğine</u> bakalım... <u>Allâh'ın ilminde yaratmış olduğu, bize "DİN" olarak takdim edilen, adına da "İSLÂM" denilen bu "Sistem"i anlamaya çalışalım...</u>

Biz, bu Galaksi içindeki Güneş adını taktığımız yıldız sisteminde, Dünya adını verdiğimiz bu uydu üzerinde ortaya çıkmışız, var olmuşuz.

Adımıza, "İNSAN" denmiş! Veya başka bir dilde başka bir isim!

Biz bu Dünya üzerinde var olmuş varlıklar olarak şu gerçeği fark edelim:

Evrende hangi galakside var olacağıma dair bir dilekçe vermedim ve bana böyle bir şey sorulmadı...

Samanyolu Galaksisi içinde dünyaya geldim.

Samanyolu Galaksisi içinde, Güneş Sistemi'nde veya başka bir sistemde dünyaya gelip gelmek istemediğim de bana sorulmadı!!!

Samanyolu Galaksisi içinde Güneş Sistemi'nde dünyaya geldim..

Güneş Sistemi içinde, Dünya üzerinde var oldum ama, bu konuda da bana hiçbir şey sorulmadı... Bu da benim isteğim ve iradem dışında!

Dünya üzerinde hangi kıtada meydana gelmek iste-

◆ YAŞAMIN GERÇEĞİ

diğim de bana sorulmadı!
Asya ile Avrupa'nın ortasında, Avrasya denen bir bölgede Türkiye'de dünyaya geldim! Türkiye'nin hangi bölgesinde, hangi ırktan, hangi cinsten, hangi dinden, hangi kavimden gelmek istediğim de bana sorulmadı!!!
İstanbul'un göbeğinde, Cerrahpaşa'da dünyaya geldim!
Bana yine sorulmadı, hangi aileden, hangi sülaleden, yani hangi genetik özelliklere sahip olarak gelmek istediğim!!!
Kendimi, rahmetli "Adalet" isimli annenin rahminden Dünya'ya çıkarken buldum!!!
Benim seçimim olmayan o âli sülalenin genetiği bana nasip oldu; o genetiğin getirdiği özellikler ile beni var etti!
Ve gene benim tercihim söz konusu olmadan, bir erkek cinsiyetiyle dünyaya geldim!
Erkek veya dişi, güzel veya çirkin, uzun veya kısa, akıllı veya akılsız denebilecek özellikler de benim seçimim değil!
Kısacası, şu noktaya kadar olan hiçbir şey benim seçimim ya da irade-i cüzümün dileği değil!
Böyle bir noktada buldum kendimi...
"Niye böyleyim?" diye soru sormak istediğim bir varlığı aramaya kalktığım zaman, Dünya'da başımı kaldırıyorum, 150 milyon km öteden, gerçekte 1.333.000 Dünya büyüklüğünde olup, gözüme bir tava kadar görünen Güneş'i görüyorum...
Gözüm ona ilişemiyor... Havsalam onun büyüklüğünü

varlığını algılayamıyor!!! Ve o Güneş gibi 400 milyar güneşten oluştuğu söylenen bir Galaksi'nin uçsuz bucaksız sonsuzluğuna açılıp bir muhatap bulamıyorum!!! Kime yönelip kime ne soru soracağım; "Niye, neden, niçin, nasıl?" diye... Bunun muhatabını bulamıyorum! Sonuçta, olduğum yerde, kendimi, olduğum gibi kabullenmekten başka şansım kalmıyor!

O zaman diyorum ki:

"Ben şu anda, bu beden üzerinde tasarrufta bulunabildiği kadarıyla bulunabilen, **kullanabildiği kadarıyla aklını iradesini kullanabilen** bir varlık olarak içinde yaşadığım şu sistemi anlamaya çalışayım!"

Geriye dönük yapabileceğim hiçbir şey yok!

Tek yapabileceğim şey; bulunduğum yerden ileriye bakarak, gelecekte nelerle karşılaşabileceğimi anlayıp idrak etmek; bu anlayıp idrak edebildiğim gerçekler ölçüsünde de yaşamıma yön verebilmek. Bundan sonrası, hiç olmazsa, olabildiğince kendi seçimim deyip avunabileceğim ölçüde, bir biçimde kurtarabilmek; yönlendirebilmek; geleceğin huzur ve saadetini temin etmeye çalışmak!

Yaşamın gerçeğine baktığım zaman şunu görüyorum:

Gerçeğini hiç bilemediğim bir zaman için şu Dünya'da varım...

Hiç bilemediğim bir anda bu Dünya'dan ayrılıp gideceğim...

Yok mu olacağım?..

"Var" olan hiçbir şey "yok" olmayacağına göre, "var" olan her şey bir dönüşümle, bir başka boyutta yaşamına

devam ettiğine göre, ben de bu mantıkla biliyorum ki; bugün için "var" olan şu şuurum-bilincim, bir süre sonra bir dönüşüme uğrayacak ve bu dönüşümle birlikte yeni bir yaşam boyutunda, yeni yaşam şartlarıyla yaşamıma devam edeceğim.

"ÖLÜM" diyorlar buna...

ÖLÜM...

Hepimizin başında!

Yani **Kurân**'daki ifadesine göre,

"ÖLÜM, TADILACAK BİR OLAY!"

"**Her bilinç, ölümü** (biyolojik bedensiz yaşamayı) **tadacaktır!...**" (3.Âl-u İmran: 185) diyor **Kur'ân**.

Dolayısıyladır ki, tadılacak bu olaydan sonra da, ben yaşamaya devam edeceğim...

Yani bir diğer anlatımla, **bu bedeni kullanamaz hâle geleceğim**, bu bedeni kullanamadığımı hissedip yaşayacağım.

Derken, bu bedenle ilişkim kesilecek, ama tüm yaşamım boyunca da bilincime ben bu beden olduğum şeklindeki verileri yüklediğim için bu bedenden kopup ayrılıp da gidemeyeceğim ve **bu bedenle beni diri diri, aklım başımda, şuurlu bir hâlde o mezara koyacaklar!**

Öncesinde, kılınmışsa, cenaze namazımın kılındığını göreceğim...

Etrafımda, bağrışan ağlaşanları göreceğim... Görmeye devam edeceğim.

Sonra beni, diri diri yani şuurum yerinde aklım başımda ama beden benim için kullanılmaz bir hâldeyken (out of order!) o mezara koyacaklar...

Üstüme o toprakları atacaklar!
Ve ben bütün bunları göreceğim...
Sonra o mezar boyutundan da "Kabir âlemi"me geçeceğim...
İşte bu olaya, **"ÖLÜMÜ TATMAK"** demiş **Kur'ân!**
Hz. **Rasûlullâh** da, kişinin ölümü tattıktan sonra çevresini görmeye devam ederek mezara konulduğunu, mezara konulduktan sonra çevresinde kendisine seslenenleri duyduğunu anlatıyor ve diyor ki Hz. Ömer'e;

"Bugünkü, şu anki, Dünya'dan ayrılmadan evvelki aklın–idrakın–şuurun– bilincin neyse, kabirde de o idrakla, o akılla, o bilinçle, o şuurla, yaşamına devam edeceksin yâ Ömer!"

İşte bu yüzden de Bedir savaşında ölmüş, toprağa atılmış, üstü kapatılmış, yani mezarlara gömülmüş insanlara gidip hitap ediyor ve o mezardakilerin ölü olduğunu sanan dışarıdaki kişiler **"Bu ölülere nasıl hitap ediyorsun, seni duyarlar mı Yâ Rasûlullâh?"** diye sorduklarında da;
"Evet... Onlar sizden daha az duyar bir hâlde değiller. Yani sizden daha iyi bir şekilde benim bu seslenişimi duyuyorlar ve düşünüyorlar, benim dediklerimin doğruluğunu da tasdik ediyorlar." diyor.

Yani kabre konan kişi ölü değildir, diridir, akıllıdır, idraklıdır, şuurludur!

Ancak onların, bedeni kullanma, beden üzerinde tasarrufları olma hâli artık kalktığı için, bedenleri kullanılmaz hâlde olduğu için, oradan bize ulaşamamaktadırlar! Buna karşın, bizim onlara olan bütün yönelişlerimiz kendilerine ulaşmaktadır!

♦ YAŞAMIN GERÇEĞİ

İşte bu esastan dolayı da, "Acaba faydamız olur mu?" diye, mezara konmuş kişiye dışarıdan telkin yaparlar!!! "**Ölüm**" **dediğimiz olayla birlikte yaşamın yeni bir boyutuna geçiyoruz.**"
Tabii yeni bir boyuta geçtiğimiz süreçteki bedenimiz, eskilerin "**RUH**" dedikleri veya bizim bugünkü ifadeyle "**astral beden**" dediğimiz veya "**ışınsal beden**" dediğimiz bir bedenle!
Ama işin çok önemli bir noktası var, göz ardı etmememiz gereken...
O da, "**Ruh**" **adı verilen bu** "**astral ışınsal beden**"**in şu anda Dünya üzerinde yaşarken kendi beynimiz tarafından inşa edildiği gerçeği!**
Yani **biz, ölüm ötesi yaşamda kullanacağımız bedenimizi,** "**astral**" **veya** "**ışınsal beden**" **dediğimiz bedenimizi şu anda, bu Dünya üzerinde yaşarken, bu biyolojik beynimizle inşa etmekteyiz!**
İşte "**Dünya âhiretin tarlasıdır; burada ne ekersen onu biçersin**"in bir başka mânâsı:
Burada ektiğin, ürettiğin, inşa ettiğin bedenini orada kullanacaksın!
Orada senin, artık bedeninin şartlarından şikâyet etme şansın yok! Çünkü "**bu bedenin özelliklerini sen Dünya'dayken kendin seçtin ve o özellikleri kendi beyninden üretmek suretiyle elde ettin!**" gerçeğiyle karşılaşacağız.
Oraya gittikten sonra "**Âhiret**" denen - "**Berzah**" denen- "Güneş platformu" dediğimiz o platformda yaşarken her birimiz bu gerçeği göreceğiz ve diyeceğiz ki:

"Keşke bu Dünya'ya geri dönsek de yapmadığımız ihmal ettiğimiz o çalışmaları yapma şansına kavuşsak; baştan, gerçek değerlere göre yeni verilerle ruh beden yeni bir astral beden inşa ederek buradaki bu sıkıntıları çekmesek!"

İşte Kur'ân-ı Kerîm'de:

"Nihayet onlardan birine ölüm geldiğinde dedi ki: 'Rabbim beni (dünya yaşamına) geri döndür. Tâ ki (önemsemeyip) **uygulamadığım şeylerde** (iman üzere yaşamda, kuvveden fiile çıkarmadıklarımda) **sonsuz geleceğime yararlı çalışmalar yapayım!'**... HAYIR (geri dönüş asla mümkün değil)! ÖYLE BİR ŞEY SÖYLER Kİ GEÇERLİLİĞİ YOKTUR (sistemde yeri yoktur)!.." (23.Mu'minûn: 99-100) diye bize gerçeği anlatmaya çalışan âyetler, bu gerçeği vurguluyor.

Dünya'dan ayrıldıktan sonra, o boyuta geçtikten sonra, bir daha geri dönüş, yani reenkarnasyon, yani yeniden bir bedene kavuşarak yapmadıklarını yapabilme şansı Kur'ân inancına göre, Müslümanlık inancına göre, Allâh Rasûlü'nün getirdiği inanç sistemine göre asla ve kesinlikle mümkün değil!

Dünya'da ne yapmış olursak onu yapmak durumundayız.

Fakat "ölüm" denen olayla birlikte artık yeni baştan birtakım özellikler kazanma şansımız yok!

Peki... Dünya'da iken, EBEDÎ denen bu gelecek boyuttaki hayatı elde etmek için şansımız ne kadar?

İşte bizim anlayışımıza göre 20 yıl, 30 yıl veya 50-60 yıl... Ama Dünya platformundan çıkıp da Güneş platformuna, yani madde âleminden çıkıp da Âhiret âlemine, Berzah âlemine geçiş sürecimiz itibarıyla ise sadece ve sadece saniyelerle ölçülüyor.

Bu saniyelerle süren süreçte, milyarlarca ve milyarlarca yıl sürecek ebedî hayatın inşaatını yapmak mecburiyetindeyiz! **Ya bunun nedenini, niçinini, niyesini anlayıp idrak edip yaşamımıza ona göre yön vereceğiz...**

Ya da buna değer vermeyeceğiz, bu gerçekleri göz ardı edeceğiz, bunun çok acı, kesin ve geri dönüşsüz sonuçlarına, milyonlarca, milyarlarca yıl sürecek bir ebedî hayata katlanmak zorunda kalacağız!

YUKARIDA, seni gözünü boyadığın için cennete postalayacak, ya da kızdırdığın için cehennemine atacak bir <u>tanrı</u> yok! Bunu iyi anlayın! Evren içre evrenlerin yaratıcısı "<u>ALLÂH</u>" ismiyle işaret edilen var! Ve de, günümüzde, bu gerçeği algılamaktan mahrum sayısız din bilginleri, din adamları!!!

"<u>Tanrı</u>" kavramı ile "<u>ALLÂH</u>" ismiyle işaret edilen anlam arasındaki farkı algılayamayan ve bu hâliyle de toplumlara yön gösteren din adamları, din bilginleri (!?)!!!

Tercih, bizim!

Dediğim gibi, bu ana kadar ki tercihlerin bir çoğu bizim değildi; ama şu anda bu aklımız ve idrakimizle yaşamımıza yön vermek ve gereken tercihimizi kullanmak şartlarıyla yüz yüzeyiz!

Bu sebepledir ki; ya aklımızı başımıza alacağız... Her türlü şartlanmaları, çevreden gelen doğru yanlış bilgileri bir yana koyup, gerçekçi bir biçimde başımızı elimizin arasına alıp düşüneceğiz, "<u>gerçekler nedir?</u>" diye...

Ya da "düşünme" denen olayı bir yana bırakıp, çok acı bir şekilde sonuçlarına katlanmak zorunda kalacağız!"

Öyleyse, sorgulayan–düşünen insan olarak, ÖLÜM dediğimiz olayın ne olduğunu, ölüm sonrası boyutun şartlarını, neleri ve niye yapmak zorunda olduğumuzu çok iyi anlamak mecburiyetindeyiz!

Kendimiz için, kendi geleceğimiz için gerekli olan bir şey bu! **İşte bu gerçek dolayısıyladır ki Hazreti Muhammed Mustafa (aleyhisSelâm), bize, "YAŞAM SİSTEMİ" ni "OKU"muş olan bir kişi olarak, kendisine vahyolan gerçeklere dayalı bir biçimde, bazı teklifler sunmuştur.**

Bu sunduğu **tekliflerin temelinde, "Yaşam Sistemi" nin gerçekleri, üzerinde yaşamakta olduğumuz muhteşem mekanizmanın düzeni–gereği yatmaktadır!**

Yukarıdaki bir tanrıyı hoşnut etmek değil!

Yani, Allâh Rasûlü bize, Allâh'ın var etmiş olduğu bu Sistem'i anlatarak, sanki; **"Bu Sistem'in şartları bunlardır. Bu şartları anlayın, idrak edin ve bu şartlara göre kendinizi geleceğe hazırlayın. Aksi takdirde bu hazırlıksızlığın sonuçlarına katlanmak durumunda kalırsınız."** demiştir.

Hz. Rasûlullâh'ın bize getirdiği teklifler, **"İbadet"** adı verilen çalışmalar, yukarıdaki, ötedeki, öteNdeki bir tanrıyı hoş etmek, onun gönlünü kazanıp onu hoş etmek için değil; o tanrıya yönelik, o tanrı için değil; Allâh'ın var etmiş olduğu **"Sistem" gereği bizim geleceğimizi en güzel şekilde inşa etmemiz içindir.**

Biz, ya Hz. Rasûlullâh'ın söylediklerini anlamaya çalışacağız; ona göre birtakım çalışmalar yaparak kendi geleceğimizi en güzel bir şekilde inşa edeceğiz ve bunun

◆ YAŞAMIN GERÇEĞİ

getirisi olan, otomatik sonucu olan güzellikleri yaşayacağız ya da bu çalışmaları kulak ardı edeceğiz... Allâh Rasûlü'ne kulak vermeyeceğiz, O'na inanmayacağız, O'nun işaret etmek istediği gerçekleri fark edemeyeceğiz, görmezden geleceğiz. İçinde yaşadığımız sistemin ne olduğunu kavrayamayacağız ve bunun sonucuna da çok kötü şekilde katlanmak zorunda kalacağız!

İşte bu sebepledir ki biz öncelikle gerçekçi bir biçimde Hz. Rasûlullâh'ın getirdiklerini anlamaya çalışalım.

Şimdi dikkatle bu noktayı iyi fark edelim;

Hz. Rasûlullâh'ın getirdikleri, istisnasız her insanın ölüm ötesi yaşamda karşılaşacakları, dolayısıyla yapması–hazırlanması gerekenlerdir!

Ölüm ötesinde yaşamı devam eden yapıya, varlığa hitaben DİN yani "SİSTEM" bildirilmiştir. "İSLÂM", bu "Sistem"in adıdır!

Ve "Din" denen yapının getirdiği teklifler, kurallar, özellikler Hz. Rasûlullâh tarafından bildirilmiştir.

Başka birinin bunları ne değiştirme şansı vardır; ne bunlara ilave getirme şansı vardır; ne de bunlardan bir şeyi eksiltme şansı vardır.

Çünkü Hz. Rasûlullâh, VAHYE dayalı bir biçimde içinde yaşadığımız SİSTEME bağlı ve dayalı olarak yapmamız gereken teklifleri bize bildirmiştir.

Yani <u>**ALLÂH ADINA konuşma yetkisi Hazreti Muhammed Mustafa (aleyhisSelâm)'da idi. O'nun boyut değişimiyle birlikte bu özellik insanlıktan alınmıştır!**</u>

<u>FETVALAR, kişisel indî değerlendirmelerdir, kimseyi bağlamaz! FETVALAR, kişisel mesûliyeti kaldırmaz!</u>

Hz. Ebu Bekir'den, Hz. ÂLİ'den başlayıp, bugün yaşayan herhangi bir birime kadar tüm fertler, Din HAKKINDA çeşitli mütalaalarını, yorumlarını, fikirlerini açıklayabilir, bildirebilirler.

Ama hiçbirinin "Din adına", "Allâh adına", "Kur'ân adına" konuşma yetkisi yoktur! Dolayısıyla her birimizin direkt muhatabı, Hazreti Muhammed Mustafa'dır!

Hazreti **Muhammed Mustafa** (aleyhisSelâm), 1.400 sene evvelinden, tüm gelecek zamanlar içinde yaşayan her ferde, geleceği itibarıyla yapması gerekenleri anlatmış ve bildirmiştir. Bu nedenle de **herkes kendi yapacaklarına kendisi karar vererek sonuçlandırmak durumundadır! Başkasına tâbi olmak asla kişisel mesûliyeti ortadan kaldırmaz!**

2

♦

NEFSİNİ BİLEN RABBİNİ BİLİR!

Bilelim ki...
Bütün ilimlerin başı, Allâh'ı bilmektir!
"Allâh"ı bilmeyenin ilmiyse, boşa emektir!
"ALLÂH'ı (adıyla işaret edileni) hakkıyla değerlendiremediler!..." diyor Kur'ân, 22. Hac Sûresi 74. âyetinde...
Öyleyse önce, "Allâh" ismiyle işaret edileni çok iyi bilmemiz lazım!
Zira şu âyetlere dikkat edelim:
"Hevâsını tanrı edinen; (bu yüzden) Allâh'ın onu bilgisi (kabulü) doğrultusunda saptırdığı, algılaması ve hakikati hissedişini kilitlediği, görüşüne perde koyduğu kimseyi gördün mü?..." (45.Câsiye: 23)
"Allâh yanı sıra tanrıya (dışsal güce) yönelme!..." (28.Kasas: 88)

♦ YAŞAMIN GERÇEĞİ

"...'Allâh' de, sonra bırak onları daldıklarında oynayıp dursunlar!" (6.En'âm:91)

Aşikârdır Zâtı Hak, görmeyi bir dilesen... "Benliği"dir var olan, adını silebilsen! Düşünürsün ki varsın; oysa bu varsayımın!!! Zâtı Hak'tır varlığın, "nefs"ini görebilsen!

"ALLÂH" ismiyle işaret edileni, anlatmaya çalıştığımız kitabın adı "HAZRETİ MUHAMMED'İN AÇIKLADIĞI ALLÂH" olarak konuldu.

Belki de pek çoğumuz için şaşırtıcı bir isim...

Niçin sadece "ALLÂH" değil de; "HAZRETİ MUHAMMED'İN AÇIKLADIĞI ALLÂH"ı

Çünkü insanların pek çoğu, hayalinde tasavvur ettiği *"tanrı"* kavramını "ALLÂH" adıyla etiketliyor da ondan... "ALLÂH" ismiyle işaret edilenden tamamen alâkasız "tanrı" kavramıyla avunup yaşamına buna göre yön veren insanların sonuysa çoklukla hüsran olacak, zira sonuçta kafalarında kurguladıkları böyle bir "tanrı"nın var olmadığını görerek büyük sükûtuhayale uğrayacaklar maalesef!

"ALLÂH" adıyla işaret edileni anlatmaya çalıştığımız kitabımızda elimizden geldiğince, dilimiz döndüğünce "Allâh" ismiyle işaret edilenin bir "Tanrı" olmadığını; çeşitli yanlış bilgilere ve şartlanmalara dayanan hayallerde kurgulanmış türlü "Tanrı"ların asla Hz. **Muhammed Mustafa** (aleyhisSelâm)'ın tebliğ etmiş olduğu "ALLÂH" ile bağdaşmadığını izah etmeye çalıştık.

En ilkelinden gelişmişine kadar hemen herkesin düşüncesinde bir tanrı vardır...

Onu sever, ona kızar, onu yargılar, zaman zaman yaptığı yanlış işler yüzünden onu itham eder. Âdeta onu yukarıda bir yıldızda ya da boşlukta oturmakta olan bir tonton dede ya da celâlli bir sultan gibi tahayyül ederiz. Biraz daha geniş düşünenlerse bu tahayyülümüzde kurgulanmış tanrının olamayacağını söyler ve "**Biz Tanrı'ya inanmıyoruz**" derler.

Evet... Hz. Rasûlullâh, kişinin ölüm ötesinde karşılaşacağı olaylara göre o kişinin zarar görmemesi, huzur ve saadet içinde yaşaması için gerekli olan şartları bildirerek o şartlara dönük bir biçimde belli önerileri ve teklifleri getirmiştir.

Kişi kendi aklı–idrakıyla bu teklifleri değerlendirip birtakım çalışmaları yapar veya yapmaz; sonucuna katlanır!

İşte bu sebepledir ki **Kurân**'da;

"**Lâ ikrahe fid Diyn!**"

"'**DİN'de** (Allâh yaratısı sistem ve düzeni {Sünnetullâh} kabul konusunda) **zorlama yoktur!...**" (2.Bakara: 256) hükmü gelmiştir. Yani, **hiçbir ferdin veya kuruluş veya devletin, bir kişiye dinî bir kuralı uygulatma yolunda zor kullanma hakkı veya sorumluluğu yoktur, bu âyete göre!**

Kurân'ı kabul eden, âyeti kabul eden kişinin, bir başkasına herhangi bir dinî kuralı uygulatma konusunda zorlama yapmaya hakkı yoktur!

Çünkü esasen zaten olay, zorlamayla yapılacak bir olay değildir. Sen, diyelim ki, belli bir imana sahip kişisin... Ama, Cuma namazına gitmiyorsun, hangi gerek-

◆ YAŞAMIN GERÇEĞİ

çeyle olursa olsun... Buna karşın, Allâh'a inanıyorsun... Kurân'ın Hak Kitap olduğunu kabul ediyorsun... Hazreti Muhammed'in Allâh Rasûlü olduğunu kabul ediyorsun... Şimdi eğer ben, seni Cuma namazına herhangi bir cezai müeyyideyle, tedbirle göndermeye kalkarsam, sen kerhen, istemeye istemeye Cuma'ya gideceksin; veya oruç tutacaksın...

Ben seni zorladığım için, sen istemediğin hâlde oruç tuttuğunda veya namaz kıldığında, bu yaptığın hareket **MÜNAFIKLIK**tır; ikiyüzlülüktür!

Yani sen, belli bir imanı olan kişiyken, benim seni zorlamam yüzünden istemeyerek, yaptığım zorbalık yüzünden, uyguladıklarınla münafıklık düzeyine düşersin!

Benim seni, iman noktasından münafıklık çizgisine atmaya hakkım yoktur!

Hiçbir kimsenin de, bir başkasını dinî bir kuralı uygulamaya zorlama hakkı yoktur!

Neye göre? **Kurân'a göre!**

Kur'ân, insanların kendi aklıyla, kendi idrakıyla kendi yolunu çizmesini öneriyor!

İşte bu yüzden zaten İslâm, TEKLİFTİR!

"**İslâm'ın şartları**" diye bahsedilen çalışmalar, tekliftir! Yani söz konusu çalışmalar kişiye "Sen bunları bunları yaparsan şu sonuçlarla karşılaşacaksın; yapmazsan da şu tarz olaylarla karşılaşacaksın" denilerek teklif edilmektedir.

Kişi de bu teklifi değerlendirir veya değerlendirmez, ancak her iki durumda da seçiminin sonuçlarını kendisi yaşar.

Demek ki **İslâmîyet**, kişinin ölüm ötesine inanması veya ölüm ötesi yaşamı idrak etmesi sonucu, kendisinin karar vererek birtakım şeyler yapmasını istiyor.

Zorlama diye bir olay yok!

Ayrıca her birimiz Hz. Rasûlullâh'a inanmak ve O'nun gösterdiği yoldan gitmek teklifiyle karşı karşıyayız.

Din'de senin herhangi bir tarikata, herhangi bir şeyhe bağlanman veya herhangi bir mezhebe girmen diye bir hüküm yoktur.

Çünkü "Din" esas itibarıyla akla, mantığa, düşünen insana hitap eder; ve <u>**insanların düşünmesini, tefekkür etmesini, aklını mantığını kullanmasını ister.**</u>

Yani "Din" kişinin, **kendi yolunu kendinin çizmesini ister.**

Dolayısıyla herkes, Kurân'ı elinden geldiği kadar anlayacak... Hz. Rasûlullâh'ın sözlerini, açıklamalarını dinleyecek, etüd edecek ve buna göre kendine bir yol çizecek.

İslâm, **Kur'ân,** insanın körü körüne, koyun gibi gidip birisine tâbi olmasından yana değildir.

İnsanın aklıyla mantığıyla yolunu çizmesinden yanadır!

İşte bu sebeptendir ki, biz insanların bu konuları düşünmesini, araştırmasını, bu yolda etüdler yapmasını ve bunun gereği bir biçimde de kendi yaşamına kendisinin yön vermesini öneriyoruz.

<u>Dolayısıyla biz hiçbir zaman, ne bir dinî liderlik, ne bir önderlik, ne bir şeyhlik, ne bir hocalık, ne de herhangi bir dinî ünvan ve etiketten yanayız; böyle bir ünvanımız yok; insanları da kesinlikle kendimize davet etmiyoruz!</u> Cahil-

♦ YAŞAMIN GERÇEĞİ

ler, bu görüşümüze rağmen, bizi nasıl etiketlemek isterse istesin, bu etiket bize yapışmaz!
İslâm'da asla "din adamlığı" diye bir sınıf veya etiket yoktur!

Biz, insanların kendi akıl ve mantıklarını kullanarak, kendi yollarını kendilerinin çizmeleri realitesine davet ediyoruz.

İnsanları, gerçekçi bir biçimde İslâm'ı kaynaklarından araştırıp sorgulamaya, öğrenmeye davet ediyoruz.

Öyleyse bu gerçekler ışığı altında düşünelim...
Din'i gerçekçi bir biçimde değerlendirelim...
Bu gerçekçi değerlendirme bizi nereye getirecek?...
Bizi şuraya getirecek; Hz. Rasûlullâh, Sistem'in gereği olarak bize belli önerilerde bulunmuş; "şunları şunları yaparsanız sizin için böyle faydalı olur veya bunları yapmazsanız neticesinde böyle birtakım sıkıntılar sizi bekliyor" diye...

Hz. Rasûlullâh'ın bize önerdiği Kurân'da bahsedilen teklifler, kesin olarak bilelim ki, bir paket değildir. Yani "ya hepsini birden tatbik edeceksin veya hiçbirini tatbik etme!"

Bu tamamen yanlış bir görüştür!

Kurân'ın bize teklifi pek çoktur; namaz, oruç, hac, zekât, yalan söylememek, gıybet etmemek, zina yapmamak, kumar oynamamak, vesaire gibi...

Bunun ne kadarını biz tutarsak o kadar kârlı oluruz; ne kadarını ihmal edersek, geri bırakırsak, o kadarının da sonuçlarına katlanırız.

Şimdi diyelim ki bir kişi Ramazan'da oruç tutabiliyor,

elinden geliyor; fakat namaz kılamıyor..
Tamam... Orucunu tutsun... Namaz kılamıyorsa kılamasın...
Namaz kılamıyorum diye de orucu tutmaması yanlıştır!

Veya herhangi bir kişinin, *"Sen mâdem ki namaz kılmıyorsun, oruç da tutma"* demesi kesinlikle yanlıştır ve Din'de yeri olmayan bir hükümdür, büyük vebal getirir!

Çünkü **herkes yapabildiği kadarını yapacak, yapamadığının da sonuçlarına kendisi katlanacaktır!**

Yani biz hiçbir zaman Allâh adına yargıç olamayız ve birbirimizi yargılamakla da yükümlü veya yetkili değiliz!

Herkes yaptığını yapacak ve neticede de Allâh ile kendi arasında bir mekanizma karar verecektir!

Biz maalesef bazı şeyleri çok yanlış anlıyor ve anlatıyoruz.

Günümüzde çok önemli bir konu, kadınların başını örtmesi olayıdır.

Namaz-oruç-hac-zekât gibi hükümlerin bir insan için son derece önemli olduğu ve bunları yerine getirmeyenlerin neleri kaybetmekte olduğu Hz. Rasûlullâh tarafından açıklanmıştır.

Bu hükümler bu kadar önemliyken maalesef bazı kişiler Din olayını, Müslümanlık olayını sadece ve sadece kadınların başlarını örtmesi üzerine kurarak; başını örtmeyen kadının âdeta İslâmîyette yeri olmayacağını, kâfir olacağını vurgulama noktasına kadar gitmektedirler.

Bize göre bu, çok yanlış bir değerlendirmedir!

Kurân'da kadının başını örtmesi konusunda âyetler

vardır. Yani bu, hanımlara yapılan bir tekliftir!
Fakat, bir hanımın başını örtmediği takdirde ne olacağına dair ne bir Kur'ân âyeti ne de Hz. Rasûlullâh'ın getirdiği bir açıklama vardır.

Dolayısıyla, İslâm Dini'ni kabul etmiş olan bir hanım eğer başını örtmüyorsa, biz onun hakkında hiçbir yorum ya da değerlendirmede bulunmaz ve "Yaptığı hareket, onunla Allâh arasında çözümlenecek bir olaydır. Allâh nasıl dilerse onun hakkında öyle hüküm verir" deriz ve geçeriz.

Ama o hanımın *"ben başımı örtemiyorum öyleyse namaz da kılmayayım"* demesi kadar büyük bir yanlış da olamaz!

Eğer başını örtemiyorsa, örtemeyebilir. Ama gene de namazını kılabilir, orucunu tutabilir, Hacc'a gidebilir. Nasıl namaza durduğu zaman, başını örtüp namazını kılıyor, daha sonra da günlük kendi kıyafeti içinde çıkıp dolaşabiliyorsa aynı şekilde o hanım Hacc'a da gider. Hac görevini de oranın şartları içinde ifa eder, döndükten sonra da gene kendi kıyafeti ile yaşamına devam eder.

Başını örtmemişse, bu, Allâh'la onun arasında bir olaydır. Ama başını örtmemesi, Hacc'a gitmesi konusunda kesinlikle bir engel oluşturmaz!

Bunu çok açık ve net söylüyorum!

İşte herkesin kendi yaşamını buna göre değerlendirmesi gerekir.

Yani **yaşamda temel esas** şudur:

Biz gerçekçi zaman boyutuna göre, saniyeler kadarlık bir süreç yaşıyoruz Dünya üzerinde!

Nitekim Hz. **Rasûlullâh** buyuruyor ki:
"**İnsanlar uykudadır, ölünce uyanırlar!**"
Ölünce uyanırlar!.. Bu ifadenin hem zâhir yaşamı ilgilendiren anlamı vardır, hem de şuur boyutuna hitap eden anlamı.

İnsanların ölmeden evvel yaşadıkları hayat, bir "**rüya**" hükmündedir!

Biz, âdeta bir rüya hükmünde olan bu Dünya yaşamında ölüm ötesi ebedî hayatı kazanmak; ölüm ötesi ebedî hayatın bedenini, imkânlarını inşa etmek durumuyla yüz yüzeyiz.

Böyle bir süreç içinde yaşamımızın büyük bir kısmı, gerçekleri fark etmeden geçmiş... Gençliğin, orta yaşın, iş hayatının çeşitli gürültüsü patırtısı, çalkantısı içinde ömrü harcamışız... Kalan süremiz ne kadar onu da bilmiyoruz... Belki de çok çok az! Şu günün şartlarında bir trafik kazası bir anda hayatı bitiriveriyor. Ve o geçişten sonra da geri dönüş, Dünya'ya geri geliş kesinlikle mümkün değil!

Öyleyse ne yaparsak burada şu çok kısa sürelik ömürde yapmak zorundayız!

Yani, yaşamımızın bir kısmı alev almış yanıyor... Sanki salonumuzun bir kısmı alev almış yanıyor... Biz buradan kurtarabildiğimizi kurtarmaya bakacağız!

Yanan yanmış... Onun gailesini, derdini, çekmeyeceğiz.. Geride ne kalmışsa onu kurtarmaya bakacağız.

Şimdi... "Efendim ben başımı örtemiyorum" diyerek başka yapabileceklerini ihmal etmek, yapılacak en büyük hata ve gaflettir!
Herkes ne yapabiliyorsa onu yapsın!

♦ YAŞAMIN GERÇEĞİ

Cuma namazına gidebilen, Cuma namazına gitsin...
Günde 2-3 vakit namaz kılan 2-3 vakit kılsın!
5 vakti tamamlayan aliyyül âlâ...
Ama ben 5 vakit kılamıyorum, öyleyse hiç kılmayayım, demek çok yanlıştır!..
5 kılamıyorsan 4 kıl.. 4 kılamıyorsan 3 kıl.. 3 kılamıyorsan, hiç değilse bir sabahleyin elini yüzünü yıkadıktan sonra ayağını da yıkadığın zaman işte abdest almış oldun! 2 rekât sabah namazını evden çıkmadan evvel kılsan, hiç olmazsa günün bir vaktini kılmış olursun... Hiç kılmamaktan çok daha âlâdır.
Bir şeyi hiç yapmamaktansa biraz olsun yapmak, neticede kazançtır!
Siz dükkanınızı açtığınız zaman, işyerinize geldiğiniz zaman, "Bugün 100 milyon kazanacağım, 5 milyon kazanacağım, 10 milyon kazanacağım" deyip de bunun 10 da birini kazandığınız zaman, "Olmaz, bu benim hedefim değildi; istediğim değildi" diye geri mi çeviriyorsunuz?
Hayır!
Alabildiğiniz, kârınızdır!
Öyleyse şu Dünya yaşamı içinde, bu Dünya mücadelesi, savaşı içinde yapabildiğinizi yapın...
İster kadın olun ister erkek...
İster genç olun ister yaşlı...
Geçen geçmiştir... **Geçmişin kavgasıyla boşa geçirecek zamanımız yok!**
Önümüzde meçhul ve uzun olmayan bir süreç var. Bu süreci mümkün olabildiğince iyi değerlendirmeye bakalım.

Ne yapabiliyorsak onu yapalım. Kârımız o kadar olsun! Zarardansa, en az kâr her hâlükârda iyidir. Kazanmamaktansa kazanmak, az da olsa gene de iyidir!..

İşte Din'deki esas, "herkesin ne yapabiliyorsa onu yapabilmesi" esasıdır.

Çünkü bir daha geri gelip yapmadıklarımızı yapma şansımız olmayacak!

Niye mi? Gayet basit...

Biz şu bedenimizde yaşarken dışarıdan çeşitli gıdaları alırız. Bu gıdalar vücudumuzun enerjisini, biyoelektrik enerjisini oluşturur.

Bu biyoelektrik enerji, mikrovolt cinsinden elektrik ihtiva eden, beyin hücrelerinin ihtiyacı olan biyoelektrik enerjiyi meydana getirir.

Beyin, bedendeki biyoelektrik enerjinin verdiği güçle, belli bir ışınsal dalga yayar.

Beynin yaydığı bu ışınsal dalgalar bir yandan bizim **"RUH"** adını verdiğimiz ışınsal bedenimizi, yani "astral bedenimizi", yani "ruh"umuzu üretir ve beynimizdeki tüm kapasite bilgi, idrak, ilim ve de **"ruh gücü"** denen **"ruhumuzdaki mevcut potansiyel enerji"** beyin tarafından "ruh"a yüklenir.

Beyin durduğu andan itibaren de, ruha yüklenmiş olan bilgilerin oluşturduğu bilinçle biz yaşamımıza ışınsal boyutta, "Güneş platformu" dediğimiz Güneş'in ışınsal alanı içinde, Dünya'nın manyetik alanının içinde Kıyamet'e kadar yaşamımıza devam ederiz ki bu devre, Din'de

◆ YAŞAMIN GERÇEĞİ

"**BERZAH ÂLEMİ**", "**Kabir âlemi**" diye anlatılmıştır... Bu âleme geçtikten sonra artık Dünya'ya bir daha geri dönüş diye bir olay yok!

Ve yeniden beyin sahibi olarak, ruhumuza yeniden bir şeyler yükleme şansımız yok!

İşte bu yüzdendir ki biz geleceğe dönük bir biçimde belli çalışmalar yapmak zorundayız!

Şimdi... En basit bir olayla meseleye girmeye çalışayım...

Biz abdest alırız... Abdest aldığımız zaman, "Bunu niye aldık?" diye sorarsak, eskilerin bir çoğu der ki; *"Temizlik olsun diye, temizlik için"*...

Halbuki Hz. Rasûlullâh (aleyhisSelâm) icabında bir bardak suyla dahi abdest almıştır; ve bugün Orta Doğu ülkelerinde sıcak yerlerde görürsünüz, ufacık bir kaptan birazcık suyla abdest alınır.

Hele bir de teyemmüm olayını düşünürseniz... Yüze toprak sürme...

O alınan suyla vücudun temizlenmesi mümkün değildir!

Buradaki temizlik, bildiğimiz fiziki bir temizlik olayı olamaz.

Peki, temizlik için değilse, niçindir?

Eğer bunu da dikkatli bir şekilde düşünürsek;

Vücudun osmos yoluyla dışardan hava aldığını biliyoruz... Aynı şekilde osmos yoluyla dışardan su da alır. Suyu alması demek, $H2O$, hidrojen ve oksijen atomlarından oluşmuş olan enerjiyi sinir sistemine iletmesi demektir!

Eğer dışardan suyu vücuda sürmek suretiyle elektrik

enerjisi temini amacına yönelik değilse abdest, acaba ne içindir?.. Bunu düşünmek gerekir. Aynı şekilde **"Teyemmüm"** dediğimiz şey de vücuttan, beyin üzerinde büyük baskı ve stres oluşturan, **statik elektriğin atılmasıdır**. Yani "ibadet" denen bu çalışmaların her biri, tamamen bilimsel birtakım gerçeklere, fiziksel, kimyasal birtakım "sistem gerekleri"ne dayalı şekilde önerilmiş çalışmalardır!

İşin bir diğer değişik yönü daha var... O yönü itibarıyla de olay şöyle:

Bu Kâinat'ı var eden Mutlak Varlık ki **"ALLÂH"** ismiyle O'na işaret edilmiştir İslâm'da, Kurân'da...

Bu varlığı, Kâinat'ta var olan her şeyi, kendi isimlerinin-Esmâ'sının özellikleriyle var etmiştir. Yani hepimizde var olan bütün özellikler, "Allâh isimleri'nin işaret ettiği mânâlar"dan kaynaklanmaktadır.

İnsanın yeryüzünde halife olması, Allâh'ın 99 isminin mânâsının da mahiyet olarak-öz olarak insanın varlığında mevcut olmasından kaynaklanmaktadır.

Şimdi, "İnsanın Halifeliği"nden bahsetmişken, burada bir noktaya daha açıklık kazandırmak istiyorum...

Dikkat edin, Kurân'daki âyette; "Biz insanı Halife olarak yarattık" veya "Biz sizleri yeryüzünde halifeler olarak meydana getirdik" derken kadın ve erkek ayırımı yapılmamıştır.

Yani, Allâh'ın Halifesi olma yönünde, erkek ve kadın eşittir! Her ikisi de Allâh'ın Halifesi olma kemâlâtına sahiptir.

Bu sebepten dolayı da kadının erkekten ikinci derecede olması veya ikinci düzeyde, ikinci sınıf mahlûk olmasından söz edilemez.

Çünkü Allâh, "Biz sizi yeryüzünde Halife olarak yarattık" derken kadın ve erkek ayırımından söz etmemiştir!

Asliyyeti ve mahiyeti itibarıyla kadın ve erkek Hilâfet bahsinde eşit özelliklere sahiptir!

İslâm'ın ve Kurân'ın bu gerçeğini böylesine vurguladıktan sonra, işin biraz daha derinine girmek istiyorum...

Hepimiz Allâh'ın isimlerinin varlığıyla meydana geldiğimize göre; Allâh'ın **Rahmân, Rahıym, Müriyd, Melik, Kuddûs** isimleri hepimizde var olduğu gibi, Allâh'ın Zâtî sıfatlarıyla da hepimiz varız.

Yani Allâh'ın **"Hayat"** sıfatının varlığımızda olması itibarıyla hepimiz **HAYY**, yani canlı-diriyiz.

Allâh'ın **"İlim"** sıfatının hepimizde var olması itibarıyla hepimiz şuur sahibiyiz...

Allâh'ın **"İrade"** sıfatının hepimizde var olması nedeniyle, yani **Allâh'ın MÜRİYD isminin** mânâsının işaret ettiği irade vasfı-özelliği hepimizde mevcut olduğu için, biz şuurumuzda var olan şeyleri dilemekte; **"Kudret"** sıfatı hepimizde var olduğu için, bizden açığa çıkan kudret ölçüsünde, dilediklerimizi gerçekleştirebilmekteyiz.

Yani hepimiz Allâh'ın Zâtî sıfatları ve esmâsının ihtiva ettiği özelliklerle varız.

Kurân'da ve Hz. Rasûlullâh tarafından Allâh'ın bu isimlerinin bize bildirilmesi, yukarıdaki–ötedeki bir Tanrı'nın özelliklerini bize tanıtmak için değil, kendi varlığımızı oluşturan bu özelliklerin, yani yapımızın hakikatinin, bilinebilmesi amacına yöneliktir.

Nitekim **"Nefsini bilen Rabbini bilir!"** hadisi bu gerçeğe işaret eder. Yani sen nefsindeki bu özellikleri ne kadar bilip tanıyabilirsen, o nispette de senin nefsinin, varlığın, kâinatın hakikati olan **Allâh**'ın özelliklerini bilebilirsin!

Ancak; Allâh'ı bu özellikleriyle ne kadar bilirsen bil, Zâti yönünden de O'nu bilebilmek, düşünebilmek, tefekkür edebilmek, mümkün değildir!

Çünkü Zât'ının sonsuz ve sınırsızlığı, sınırlı ve sonlu idrak ve kavrayış sahibi varlıkların O'nun Zât'ını kavramasına olanak tanımaz!

Öyleyse biz hepimiz, **O'nun varlığıyla, O'nun Esmâ'sının özellikleriyle meydana geldiğimize göre, gerçekte her birimiz O'nun tüm özellikleriyle aşikâr olduğuna göre, O'nun dilediği özellikleriyle aşikâr olduğuna göre, her birimiz O'nun halifesi olarak saygıya, sevgiye ve hürmete değer varlıklarız!**

Öyleyse biz adı-rengi-cinsi-ırkı-dili-dini ne olursa olsun her bir insanı ve birimi sevmek ve saygı göstermek mecburiyetindeyiz!

Çünkü o ismin, o resmin, o rengin, o dilin, o dinin, o ırkın ardındaki varlık, Allâh'a ait varlıktır.

Yüz çevirdiğiniz, nefret ettiğiniz, beğenmediğiniz, hor-hakir gördüğünüz varlık, neticede Allâh'ın vechine dayanan bir varlık olduğu için bu davranışınız Allâh'a uzanır gider.

"Secde", sadece alnı toprağa koymak değil; varlıkta mutlak hakiki yegâne varlığın O olduğunu, ötelere atmadan idrak edebilmek ve her bir sûrette O'nun vechinin var olduğunu idrak edebilmektir!

◆ YAŞAMIN GERÇEĞİ

Eğer biz bu idraka gelirsek; ne Arap'ı hor görürüz, ne Acem'i hor görürüz, ne Kürt'ü hor görürüz, ne Alevi'yi hor görürürüz, ne Sünni'yi hor görürüz, ne de herhangi bir birimi!

Öyleyse bizim için "Allâh'ın Halifesi olan İnsan" vardır. Ve hangi ırkta, hangi cinste, hangi dilde, dinde ortaya çıkarsa çıksın, biz onu sevip saymak, ona elimizden gelen saygı-hürmeti göstermekle mükellefiz!

Aksi takdirde Allâh'tan ve gerçeklerden perdeli olarak şartlanmış gâfil bir birim olarak bu Dünya'dan geçer gideriz ki, bunun sonucu da ebediyen azap ve ızdırap içinde kalmaktır. Çünkü kendimizin hakikatinden mahrum kalmış, hakikatimizi tanıyamadığımız için de karşımızdakini değerlendirememiş ve böylece de gaflet içinde, yani bir diğer günümüz ifadesiyle, koza içinde –kozadan çıkamadan– bu Dünya'dan geçmiş oluruz.

Ya kozamızı delip kelebek olup uçacağız... Ya da kozayı delemeden kozayla birlikte kaynar kazanı boylayacak; ipek böceği misali, kelebek olamadan tırtıl olarak ipeğin içinde ateşi boylayacağız!

İpeğin içinde olup da onun dışına çıkamadan o kozayla birlikte ateşi, kaynar kazanı boylamak, herhâlde tırtıl için hoş bir şey olmasa gerek!

Öyleyse;

"Ey ipeğin içindeki!"...

Kozanı delip, kelebek olup uçmaya bak... Aksi takdirde tırtıl olarak o kozayla birlikte kaynar kazan seni bekliyor! Gel sen aklını başına topla... Bir an evvel kozanı del, yaşamın gerçeklerini gör. Hz. Rasûlullâh'ın hitabına kulak ver, O'nu değerlendirmeye çalış. Ebedî hayatını kurtarmaya bak! Çünkü sana teklif edilen şeyler senin kendin için gerekli olan şeyler.

Ne Allâh'ın sana ihtiyacı var...
Ne Allâh Rasûlü'nün sana ihtiyacı var...
Ne Kurân'ın sana ihtiyacı var...
Ne de benim, sana ihtiyacım var!
Sen, sadece kendi geleceğini kurtarmak için bu söylediklerimi düşünmek, değerlendirmek zorundasın!

Aksi takdirde pişmanlığın hiçbir zaman sana fayda vermeyecektir.

Şu anda Dünya üzerinde 5 milyar insan yaşıyor... 5 milyar insanı bir araziye toplasak, senin tanıdığın bir insanı o 5 milyar içinde görüp bulma şansın, dikkat et, 5 milyarda birdir!

"Ölüm" denen olayla birlikte bu Dünya'dan ayrılacaksın ve "Kabir âlemi"ne geçeceksin... Kabir âleminde milyonlarca yıl yaşamına devam edeceksin ve Kıyamet'te tüm insanlar biraraya gelecek.

Acaba bugün en değer verdiğin birimlerin kaçını orada görebileceksin, bulabileceksin veya bulamayacaksın?

Şimdi... **"Ölüm"** denen olayla birlikte **"Kabir âlemi"**ne gireceksin, dedim.

Kısaca bu konuyu biraz açmak istiyorum...

Biz **"ölüm"** denen olayla birlikte bu bedenle alâkamız kesildikten sonra şuurlu bir biçimde kabre konarız. O mezarın içindeki toprağın içindeki haşeratı, şunu bunu hepsini görür ve aynı şekilde dışardan gelen sesleri de işitiriz, fakat kabirden çıkıp gidemeyiz. Tıpkı bütün gün, yaşam

♦ YAŞAMIN GERÇEĞİ

boyunca, düşündüğün olaylar nasıl otomatik olarak rüyana girer ve rüyanda bunları değiştirmek elinden gelmezse, gündüz kafana girmiş şeylerin doğal sonucunu rüyanda yaşarsan; "Dünya'da da insanlar uykudadır, ölünce uyanırlar" hesabı, Dünya'da neleri yaşamışsan, neleri benimsemişsen, benlenmişsen, sahiplenmişsen, tüm bunların sonuçlarını da kabirde yaşamaya başlarsın!

Tabii bir süre sonra madde dünyası tamamen kaybolduğu için de kabrin o toprak mezar bölümü, dünyası, tamamen kaybolur ve ruh boyutunda kabirde yaşamaya başlarsın.

Kabirde **"Ruh boyutunda"** yaşamaya başlamış olman demek, Dünya'nın senin gözünün önünden tamamen kaybolması, Güneş'in ışınsal platformunda yaşamaya başlamış olman, Güneş'i ve içindeki bütün canlıları olduğu gibi görmeye başlaman demektir.

Aynı şekilde Galaksi içindeki tüm yıldızların ışınsal boyutundaki varlıkları da görmeye başlarsın. İşte bu olay Din'de **"Kişiye ölümle birlikte kabirde bir pencere açılır. Bir yandan cehennemi ve içindekileri görür, bir yanda bir pencere açılır cenneti ve içindekileri görür"** diye anlatılmıştır. Çünkü **ruh gözünde mesafe kavramı yoktur!**

Bizim bu gözle her ne kadar 50 metre, 100 metre, 1.000 metre gibi bir görme sınırımız varsa da, "Kabir âlemi"ne geçmiş kişinin ruh gözü için mesafe kavramı kalkar ve sanki birkaç metre yanındaymış gibi 150 milyon km ötedeki Güneş'in merkezinin ışınsal varlıklarını, canlılarını görmeye başlar.

Bir bilimsel bakışa göre, şu anda Dünya'da 70 kg olan

bedenin Güneş üzerindeki ağırlığı, ortam itibarıyla 300.000 kg olacak diye hesaplanıyor.

Cehenneme girmiş insanların bedenlerinin de son derece dev boyutlarda olacağına dair birtakım hadisler, yani Hz. Rasûlullâh'ın açıklamaları var.

Kabir âlemine geçen bu kişi bir yandan Güneş'i, içindeki canlıları ve o ortamı görür.. Şayet o kişi, orada ebedî olarak kalacak olanlardan ise; gidemeyeceği güzel ortamı ve gideceği azap verici ortamı da görüp, bunun sonucunda kabirde oldukça sıkıntılı azaplı bir evre geçirir, tıpkı kâbus içinde rüya gören insan gibi...

Eğer bunun aksi ise, yani o cennet denen güzellikler ortamına gidecek, oradan kurtulacaksa, o zaman da çok huzurlu olur, o öbür ebedî kalınacak ortamdan kurtulacağının sevinci içinde... Ve bu süre kıyamete kadar böylece devam eder.

Şu anda Dünya'dan ayrılmış kişilerin ruhları, Dünya'nın varolması itibariyla **"Von Allen"** adı verilmiş manyetik kuşağın içinde yaşamaktadır. **"Kabir âlemi"** ve **"Berzah âlemi"** denen âlem, bu kuşak içinde olan manyetik âlemdir!

Güneş'in büyüme evresiyle birlikte Güneş; Merkür'ün, Venüs'ün ve Dünya'nın tamamen eriyip, yok olup, buharlaşmasına, sonuçta TAMAMEN ORTADAN KALKMASINA SEBEP OLUR.. Kıyamet dediğimiz, bizim tespitimize göre Güneş'in büyüme ve çevresindeki Dünya'yı yok etme evresinden sonra, "Von Allen" alanı - Dünya'nın manyetik çekim alanı da biter.

Bu bitişle birlikte insanlar, Güneş'in çekim alanına da-

♦ YAŞAMIN GERÇEĞİ

hil ışınsal mekân-platform üzerinde hep bir arada olurlar. Bu alan ortadan kalktığı için de, insanlar "Mahşer" denen o kıyamet evresinden sonra Dünya'da neler yapmış olduklarını ve bu yaptıkları yanlışların ve doğruların kendilerine neler getirdiğini, o günün şartları ve varlıkları içinde müşahede ederler. Yani **"Mahşer"** denen ortama dair hadislerle **sembolik bir biçimde** anlatılan bütün olaylar bilfiil yaşanır ve bundan sonra bu insanlardan belli çalışmalar yapmış, belli neticeler elde etmiş kişiler "Cehennem" ortamından çıkarak, tamamen "Cennet" denen bir başka boyuta geçerler...

Diğerleri ise o boyutta, yani Güneş'in çekim alanı içinde kalır.

Esasen, Güneş'in cehennem olduğu konusu, bizim müşahedemize göredir...

Bizim bugünkü bilimsel verilerle olaya yaklaşımımızda da Güneş'in Dünya'yı yutacağı ve yok edeceği kesin olarak bildirilmektedir!

İşte, gerçekler böyle olduğuna göre bu durumda biz ne yapmak zorundayız?

İşte "ne yapmak zorundayız?"a geldik yine, döndük dolaştık aynı yöne.

Bir yönü itibarıyla ölüm ötesi ruhumuzu, şu anda yaptığımız beyin çalışmalarıyla oluşturduğumuza göre, beynimizi azami ölçüde değerlendirmek zorundayız. Mesela; "herkesin beyni %5-7 arasında bir kapasiteyle çalışmaktadır" bulgusu vardır bilimsel olarak... Bu durumda beynin geri kalan %90 civarındaki kapasitesi de âtıl durmaktadır.

"Biz Allâh'ı zikredelim" dediğimiz zaman, "Ne

yapıyoruz?", "Niye yapıyoruz?"...
Bunun üzerinde kısaca durayım...
Bir insan için en önemli şey ZİKİR'dir!
Çünkü "ZİKİR" denen olay, biraz evvel de bahsettiğim gibi yukarıda, ötede bir tanrıyı anma amacına yönelik olarak gelmemiştir.

Biz, biraz evvel de bahsettiğim gibi, Allâh'ın çeşitli isimleriyle işaret edilen özelliklerle var olmuşuz.

Bu özellikler yani **Rahmân** isminin, **Rahıym** isminin, **Müriyd** isminin, **Kuddûs** isminin, **Fettah** isminin mânâları bizim beynimizde mevcuttur!

Nasıl mevcuttur?

Beyinde, ne kelime vardır, ne resim vardır, ne görüntü vardır...

Beyinde her bir mânânın, belli hücre grupları içinde yerleşik belli frekansta bir titreşimi vardır. Beyin hücreleri, sürekli olarak, elektriksel bir titreşim hâlindedir. Her bir düşünce, beyinde belli hücre grupları arasında bir titreşim oluşturmakta ve belli bir elektrik akışı oluşturmaktadır.

Dünya'da ilk defa olarak, 1986 yılında "İNSAN VE SIRLARI" isimli kitabımızda, "zikir" denen olayın beyinde hücreler arasında belli bir elektrik faaliyeti meydana getirdiğini, bu kelime tekrarından hücreler arasındaki elektriksel faaliyetin arttığını; bunun frekansının âtıl duran diğer hücrelere "transmitter"lar aracılığıyla iletilerek bu âtıl duran hücrelerin o gelen frekansa programlanarak devreye girdiğini ve böylece de zikrin beyindeki kapasiteyi arttırdığını yazdık.

1986 yılında biz bunu yazdıktan sonra, bu konudaki ilk

◆ YAŞAMIN GERÇEĞİ

bilimsel açıklama, 1993 yılında, Amerika'da, dünyanın bir numaralı bilim dergisi olan "Scientific America"nın Aralık sayısında yer alan bir makalede ele alındı.

Bu makalede, bilim adamı –aynı zamanda söz konusu makalenin yazarı– beyindeki hücrelerin belli kelime tekrarlarıyla devreye girdiğini, kelime tekrarlarının beyinde belli hücreleri devreye sokarak kapasiteyi arttırdığını yazdı.

Yani burada demek istediğim şu;

Siz, zikir yapmak yani Allâh'ın belli isimlerini anmak suretiyle o isimlerin ihtiva ettiği anlam istikametinde beyin kapasitenizi geliştirebilirsiniz. Mesela diyelim ki Allâh'ın 7 Zâtî sıfatından 3.sıfatı olan "İrade" sıfatının adı olan MÜRİYD ismini zikrettiğiniz zaman, her gün belli bir sayıda bunu tekrarladığınız zaman, diyelim ki 1.000-2.000-3.000 defa tekrarladığınız zaman, birkaç ay sonra "İrade" gücünüzün arttığını fark edersiniz... Bunun yanı sıra, "Müriyd" isminin yanı sıra, "Kuddûs" ismini tekrar etmeye başladığınız zaman, kendinizde belli bir arınma, istemediğiniz kötü alışkanlıklardan arınma; kendinizin bu beden değil, bir bilinç varlık olduğunuzun, yaşamı ölüm ötesi yaşamda da devam edecek olan, sonsuz bir varlık olduğunuzun idrakının kendinizde gelişmeye başladığını fark edersiniz.

İşte bütün bu kelime zikirleri yani Allâh'ın isimlerinin zikri, sizin beyninizde belli kapasiteleri arttırır, geliştirir.

Bu kapasite sizde ne kadar artarsa, o ismin mânâsı sizde o kadar açılır ve o ismin mânâsının, hakikatinin işaret ettiği mânâda da Allâh'ı tanımış olursunuz.

Yani sizin Allâh'ı tanımanız, kendinizde O'nu bulabildiğiniz ölçüdedir! Kendinizde olduğu gibi başkalarında da ortaya çıkan özellikler, yine Allâh'ın isimlerinin özellikleridir. Eğer biz dışa dönük değil, kendimizi geliştirme yönünden olaya bakarsak şunu keşfederiz: DUA ve ZİKİR beyinde belli bir kapasite genişlemesini ve bu kapasitenin gelişmesine bağlı olarak kişilikteki gelişmeleri ve tekâmülünü getirir. Bu özellikler de otomatik olarak beyin tarafından ruha yüklendiği için, ruhun da çok daha yüksek kapasitede özelliklerle, kemâlâtla oluşması sağlanmış olur.

Yani yaptığımız bu zikir çalışmaları veya zikir yanı sıra yaptığımız diğer "ibadet" adı verilen bireysel menfaate dönük çalışmalar, yani namaz-oruç-hac vs. gibi çalışmalar hep bizim kendi geleceğimizi en güzel şekilde inşa etmek, ölüm ötesi boyutta yaşam şartlarımızı güzelleştirmek amacına yöneliktir.

Dolayısıyladır ki biz, ya bu çalışmalarla kendi ölüm ötesi yaşam bedenimiz olan astral bedenimizi –ruhumuzu– geliştireceğiz, kuvvetlendireceğiz ve bunun ötesinde Allâh'ı ve Allâh'a ait özellikleri daha iyi anlayıp kavrayacağız ve onları anladığımız bildiğimiz ölçüde, kendi yaşamımıza ona göre yön vereceğiz... Ya da bunları ihmal edeceğiz, bütün bunlardan bîhaber olarak; sanki yukarıda ötede bir tanrı varmış gibi, sanki onun bizim yaptığımız şeylere ihtiyacı varmış gibi olayı değerlendirip; "Aman canım, O'nun benim yaptığıma ihtiyacı yok!" deyip, her şeye boşverip, ondan sonra da yaşamın son derece acı gerçekleriyle karşı karşıya kalacağız!

♦ YAŞAMIN GERÇEĞİ

İşte bu sohbetimde size bilebildiğim, muttali olabildiğim kadarıyla yaşamın gerçeklerinden ve bu gerçeklere dayalı olarak gelmiş olan Din'in tekliflerinden ve Din'in geliş gerekçelerinden söz etmeye çalıştım.

Bilemiyorum faydalı olabildim mi, olamadım mı?..

Ama şurası kesin gerçek ki, bu anlattıklarım doğru veya yanlış da olsa siz gene de bu konuları ana kaynaklardan araştırın, düşünün, inceleyin, etüd edin.

YAŞAMINIZLA KUMAR OYNAMAYIN!

Yaşamınız derken EBEDÎ YAŞAMINIZ'dan söz ediyorum.

Şu Dünya'da kaç saniye yaşadık ve daha kaç saniye yaşayacağız, gerçek boyuta, gerçek zaman değerlerine göre?.. Bunu hatırlayın!

Yaşamınızın kaç saniyesi gitti veya kaç saniyesi veya salisesi kaldı?

"Timer" hızla işliyor!

Geri sayım başladı... 59, 58, 57, 56...

Hızla azalıyor zaman!

Öyleyse bu kalan zamanı çok iyi değerlendirin!.. Bu dediklerimi araştırın!..

"Doğru mu, değil mi?" bunları tespit edin, kalan son süreyi iyi değerlendirmeye bakın!..

Bir daha geri geliş, Kurân'a göre yok!

Hz. Muhammed'e göre insanın bir daha dünyaya gelerek yapmadıklarını yapması, hatalarını, yanlışlarını telâfi etmesi mümkün değil!

Yarın öbür tarafa gittiğiniz zaman, buradaki bu değerlerin hiçbirisi geçerli olmayacak.

Öyleyse lütfen, bu gerçekleri olabildiğince gerçekçi bir biçimde düşünerek, pişman olmayacağınız bir biçimde yaşamınıza yön vermeye çalışın. Zira son pişmanlık noktasında, size bir daha kesinlikle geri dönüş hakkı olmayacak!

Allâh hepimize pişman olmayacağımız bir şekilde yaşamı değerlendirmeyi, yaşamın gerçeklerini değerlendirmeyi kolaylaştırmış, nasip etmiş olsun!

Hoşça kalın dostlarım!

Antalya, 1990

AHMED HULÛSİ KİMDİR? AMACI NEDİR?

Değerli okurum;

Ahmed Hulûsi kimdir, amacı nedir diye çok merak ediliyor...
Çok özetle anlatalım...

21 Ocak 1945 tarihinde İstanbul, Cerrahpaşa'da dünyaya gelmiş bulunan çocuğa annesi **Ahmed**, babası da **Hulûsi** adlarını koymuşlar.

18 yaşına kadar Hazreti **Muhammed**'i dahi tanımayan bir zihniyetle yalnızca bir yaratıcıya inanmış ve **Din** konusundaki her sorusuna karşılık olarak *"sen bunları sorma, sadece denileni yap"* cevabını aldığı için de, hep **din** dışı yaşamıştır çevresindekilere göre!

Babasının vefatından üç gün sonra 10 Eylül 1963 günü annesinin ısrarıyla gittiği Cuma namazında, içine gelen bir ilhamla Din konusunu tüm derinlikleriyle araştırma kararı almış, o günden sonra beş vakit namaza başlamış ve abdestsiz dolaşmamaya karar vermiştir.

Din konusuna önce Diyanet'in yayınladığı on bir ciltlik **Sahihi Buhari** tercümesini, sonra tüm **Kütübi Sitte**'yi ve Rahmetli **Elmalılı**'nın **"Hak Dini"** isimli tefsirini okuyarak girmiştir. İki yıla yakın bir süre zâhir ilimleri itibarıyla olabildiğince geniş kaynakları incelemiş, yoğun riyâzatlar ve çalışmalarla kendini tasavvufa vermiş; ilk kitaplarını 1965 yılında yazdıktan sonra **kendindeki açılım ve hissedişleri** 1966 yılında yazdığı **TECELLİYÂT** isimli kitabında yayınlamıştır. Bu kitap onun 21 yaşındaki bakış açısını ve değerlendirmelerini ihtiva etmesi itibarıyla geçmiş yaşamı hakkında önemli bir değerlendirme kaynağıdır. 1965 yılında tek başına hacca gitmiş ve hayatı boyunca kendi yolunda hep tek başına yürümüştür!

Prensibi, **"kimseye tâbi olmayın, kendi yolunuzu kendiniz çizin, Rasûlullâh öğretisi ışığıyla"** olmuştur.

1970 yılında AKŞAM Gazetesi'nde çalışırken RUH ve ruh çağırmalar konusunu incelemeye almış ve bu konuda Türkiye'de konusunda ilk ve tek kitap olan **"RUH, İNSAN, CİN"**i yayınlamıştır.

Kurân'daki "dumansız ateş" ve "gözeneklere nüfuz eden ateş" uyarılarının "ışınsal enerjiye" işaret ettiğini keşfetmesinden sonra, Kurân'ın işaret yollu açıklamalarını değerlendiren, bundan sonra dinsel anlatımdaki işaretlerin bilimsel karşılıklarını deşifre etmeye çalışan Ahmed Hulûsi, bu alanda ilk çalışmasını 1985 yılında "İNSAN ve SIRLARI" isimli kitabında açıklamıştır.

Daha sonraki süreçte Kurân'da kelimeler bazında yaptığı çalışmalarla keşfettiği gerçekleri hep çağdaş bilgilerle bütünleştirmiş; kendisini, "DİN" olayını, ALLÂH adıyla işaret edilenin tamamen entegre bir Sistem ve Düzen'i temeline oturtarak, Hazreti Muhammed (AleyhisSelâm)'ın neyi anlatmak istediğini "OKU" maya vermiştir. Bu yolda edindiği bilgilerin bir kısmını kitapları ve internet aracılığıyla da toplumla paylaşmıştır.

İslâm Dini'ni, Kur'ân-ı Kerîm, Kütübi Sitte (altı önde gelen kitap) hadisleri temelinde kabul ederek inceleyen, geçmişteki ünlü tasavvuf sîmalarının çalışmalarını değerlendirerek gereklerini yaşadıktan sonra, bunları günümüz ilmiyle de birleştirerek değerlendiren ve mantıksal bütünlük içinde BİR SİSTEM olarak açıklayan Ahmed Hulûsi, insanların kişiliğiyle değil, düşünceleriyle ilgilenmesini istemektedir.

Çünkü, bu alanda tek örnek Hazreti Muhammed'dir!

Basit beyinler yaşamlarını, kişiliklerle ve doğal sonucu olarak dedikodu ve gıybetle tüketirlerken; gelişmiş beyinler, fikirlerle ve düşünce dünyasının verileriyle ömürlerini değerlendirirler!

Bu nedenledir ki, Ahmed Hulûsi kendisini ön plana çıkartmamakta, kitaplarına 40 yıla yakın zamandır "soyadını" koymamaktadır; insanların şu veya bu şekilde çevresinde bir halka oluşturmaması için... Bugün dahi, görüştüğü çok az sayıda insan vardır. Bu yüzden aşırı boyutlarda tepki almasına rağmen bu konudaki tutumunu ısrarla sürdürmektedir.

Anadolu'nun beş-altı yerinde bazı kişilerin kendilerini "Ahmed Hulûsi benim" şeklinde tanıtıp, çevrelerine insanlar toplayıp, onlardan maddi menfaat toplama girişimlerini duyunca da, kitaplarına resim koymak zorunda kalmış, bu suretle söz konusu sahtekârlığı önlemiştir.

Sürekli Sarı Basın Kartı sahibi gazeteci Ahmed Hulûsi, bu alan dışında

profesyonel olarak hiçbir işle uğraşmamış, **hiçbir teşkilat, dernek, parti, cemaat üyesi olmamıştır.** Bütün yaşamı, **çağdaş bilimler-İslâm-Tasavvuf** araştırmalarıyla devam etmiş, <u>**kitap ve yazılarıyla, sesli ve görüntülü sohbetlerinin tamamını internet üzerinden okuyucularına ücretsiz ve tam metin olarak indirilebilir şekilde yayınlamış İLK yazardır.**</u>
Tüm düşünce ve bakış açılarıyla beklentisiz olarak apaçık ortadadır!

28 Şubat öncesi şartlar dolayısıyla, eşi **Cemile** ile önce Londra'da bir yıl yaşayan **Ahmed Hulûsi**, 1997 yılında Amerika'ya yerleşmiş ve hâlen orada yaşamını sürdürmektedir.

Mevcut bilgileri ışığında, tamamen insanlardan uzak kendi **"köy"**ünde yaşamayı tercih edip, herkese, orijinal kaynaklara göre **Rasûlullâh'ı ve Kurân'ı aracısız olarak yeniden değerlendirmeyi** tavsiye etmektedir!

Zira, Hazreti **Muhammed**'in açıkladığı **SİSTEM**'e göre, *"DİN ADAMI"* diye bir sınıf asla söz konusu değildir! Her fert direkt olarak **Allâh Rasûlü'nü** muhatap alıp **O**'na göre yaşamına yön vermek zorundadır! Tâbi olunması zorunlu tek kişi, **ALLÂH Rasûlü MUHAMMED MUSTAFA** AleyhisSelâm'dır. O'nun dışındaki tüm kişiler istişari mahiyetteki kişilerdir ve yorumları kimseyi bağlamaz!

Herkes yalnızca **Allâh Rasûlü** ve **KUR'ÂN** bildirilerinden me'sûldür! Bunun dışında kalan tüm veriler kişilerin göresel yorumlarıdır ve kimseyi **BAĞLAMAZ!**

İşte bu bakışı dolayısıyla da **Ahmed Hulûsi** insanların kendi çevresinde toplanmasını veya kendisine tâbi olmasını kesinlikle istememektedir. Anlattıklarının sorgulanmasını, araştırılmasını tavsiye etmektedir. Bana inanmayın, yazdıklarımın doğruluğunu araştırın demektedir!.. Bu yüzden de insanlardan uzak yaşamayı tercih etmektedir.

Bu bakışı dolayısıyladır ki, Ahmed Hulûsi'nin ne bir tarikatı vardır, ne bir cemiyeti ve ne de herhangi bir isimle anılan topluluğu!

Ahmed Hulûsi, çeşitli çevrelerce **kendisine yakıştırılan her türlü pâye, ünvan ve etiketlerden berîdir! O, sadece Allâh kuludur!**

Kimseden **maddi veya siyasî, ya da manevî** bir beklentisi olmayıp, yalnızca **kulluk ve bir insanlık borcu** olarak **bilgilerinin bir kısmını okuyucularıyla paylaşmaktadır.**

Ahmed Hulûsi, yalnızca... **Düşünebilen beyinlerle düşüncelerini paylaşmaya çalışan bir düşünürdür!**

Hepsi, bundan ibaret!

Hiçbir yazılı, sesli veya görüntülü eserinin TELİF HAKKI OLMA-YAN yazarın eserleri, pek çok değerlendiren tarafından orijinaline uygun olarak bastırılıp, karşılıksız olarak çevrelerine dağıtılmaktadır... Bugün milyonlarca ailenin evinde **Ahmed Hulûsi** imzalı eserlerin var olması, onun için yeterli şereftir.

Bu konulardaki detaylı çalışmaları aşağıdaki bazı internet sitelerinden inceleyebilir, dilediklerinizi tümüyle kendi bilgisayarınıza indirebilirsiniz.

www.ahmedhulusi.org
www.okyanusum.com
www.allahvesistemi.org

Sonuç olarak şunu vurgulayayım... Herkesin görüşü kendi bilgi tabanının sonucu kadardır! **Bu eserleri kendiniz değerlendirmeye çalışın! Yazarla değil, yazılanla ilgilenin.** Sizlere karşılıksız olarak verilen bu **Allâh hibesi ilmi** hakkıyla inceleyin.

Ebedî yaşamınıza yön verebilecek düzeyde Allâh ve Sistemi'ni (Sünnetullâh'ı) anlatan bu eserler umarım sizlere yeni ufuklar açar.

Saygılarımla,
AHMED HULÛSİ

AHMED HULÛSİ'NİN DİĞER KİTAPLARI

1. MANEVÎ İBADETLER REHBERİ, 1965
2. EBU BEKİR ES SIDDÎK, 1965
3. TECELLİYÂT, 1967
4. RUH İNSAN CİN, 1972
5. İNSAN VE SIRLARI (1-2), 1986
6. DOST'TAN DOSTA, 1987
7. HAZRETİ MUHAMMED'İN AÇIKLADIĞI ALLÂH, 1989
8. EVRENSEL SIRLAR, 1990
9. Gavsı Â'zâm ABDULKÂDİR GEYLÂNÎ "GAVSÎYE" AÇIKLAMASI, 1991
10. DUA VE ZİKİR, 1991
11. HAZRETİ MUHAMMED NEYİ "OKU"DU?, 1992
12. AKIL VE İMAN, 1993
13. MUHAMMED MUSTAFA (a.s.) (1-2), 1994
14. KENDİNİ TANI, 1994
15. TEK'İN SEYRİ, 1995
16. İSLÂM, 1996
17. İSLÂM'IN TEMEL ESASLARI, 1997
18. OKYANUS ÖTESİNDEN (1-2-3), 1998
19. SİSTEMİN SESLENİŞİ (1-2), 1999
20. "DİN"İN TEMEL GERÇEKLERİ, 1999
21. CUMA SOHBETLERİ, 2000
22. MESAJLAR, 2000
23. YAŞAMIN GERÇEĞİ, 2000
24. BİLİNCİN ARINIŞI, 2005
25. B'SIRRIYLA İNSAN VE DİN, 2005
26. YENİLEN, 2007
27. ALLÂH İLMİNDEN YANSIMALARLA KUR'ÂN-I KERÎM ÇÖZÜMÜ, 2009

♦ Ahmed Hulûsi'nin tüm eserlerine ulaşmak için www.ahmedhulusi.org
♦ Ahmed Hulûsi'nin tüm eserleri KİTSAN'dan temin edilebilir.

Ahmed Hulûsi'nin tüm kitaplarını, sesli ve
görüntülü sohbetlerini karşılıksız olarak
www.ahmedhulusi.org
adresinden okuyabilir, dinleyebilir ve
bilgisayarınıza indirebilirsiniz.